L'AFFAIRE BARDEZ

PHNOM-PENH

Imprimerie Nouvelle Albert Portail

1926

L'AFFAIRE BARDEZ

« Je veux que mon dernier
« mot soit : le crime de
« Krang-Léou n'est pas un
« crime cambodgien, il ne
« faut pas l'oublier. C'est un
« crime de quelques indi-
« vidus qui ne rappellent en
« rien le vrai Cambodgien. »

Réquisitoire de M. l'Avocat Général
DE KERSAINT-GILLY.

Le 20 Décembre 1925, à neuf heures du soir, la Cour criminelle, composée de trois magistrats français et de deux assesseurs cambodgiens, a rendu son verdict dans l'affaire BARDEZ, après 15 jours de longs et minutieux débats, durant lesquels la défense put, à loisir, détailler et souligner tous ses arguments. C'est donc en pleine connaissance de cause, qu'après une longue délibération, la Cour criminelle a condamné CHCON à la peine capitale, et douze autres accusés aux travaux forcés à perpétuité ou à temps.

Il semblait que par là le dernier mot eut été dit sur l'affaire BARDEZ.

Il n'en est rien. Une brochure vient d'être éditée et mise en vente. Elle contient des extraits du réquisitoire et des plaidoiries de la défense.

Nous avons pensé qu'il était bon de mettre le public à même de s'éclairer complètement.

Maître Marcel ACHARD, avocat de la partie civile, a bien voulu nous autoriser à publier in-extenso sa plaidoirie.

Ainsi, le public qui n'a point suivi ces longs débats pourra juger.

Un groupe de républicains.

AUDIENCE DU 20 DÉCEMBRE 1925

A 7 HEURES

PLAIDOIRIE DE MAITRE ACHARD

(PARTIE CIVILE)

(Compte-rendu sténographique

Messieurs de la Cour,
Messieurs les Assesseurs,

Au seuil même de ces débats, je m'incline respectueusement devant les trois tombes que vous savez. J'accomplis ainsi un devoir essentiel que me dicte le respect que nous devons à ceux qui, comme le Résident BARDEZ, l'interprète SOURN et le milicien LACH sont tombés lâchement assassinés dans des circonstances atroces et révoltantes, uniquement pour la France dont l'image souveraine, ne doit point s'écarter de nous, au cours de ce procès. Car c'est pour elle, uniquement pour elle, qu'ils sont tombés, et personne, m'entendez-vous? personne, parmi les vivants que nous sommes, ne peut, sans gêne et sans tort, oser discuter leurs actes.

Ah ! j'entends bien que, non contents d'avoir bassement, bestialement, servilement tué pour voler, oui, pour voler, quoi qu'en ait pu penser une autre juridiction dont nous discuterons tout à l'heure la sentence, ces assassins inconscients sans doute, je daigne le croire, viendront encore s'acharner sur leurs victimes et tenter d'échapper à votre justice. Car, et c'est la psychologie usuelle des criminels, si l'on assassine par lâcheté, l'on n'hésite point encore à salir ses victimes à l'heure où se dresse devant soi l'implacable justice que l'on redoute et qui va frapper avec rigueur, sans remords et sans crainte.

Ah ! Messieurs, nul plus que moi n'est convaincu de l'austère noblesse de la défense. Je chéris trop une profession librement choisie pour ne point pousser jusqu'à l'orgueil, l'amour d'un sacerdoce que nous exerçons sous la toge dont la couleur est d'une éloquence émouvante.

Mais, et que chacun ici en demeure persuadé, toute ma fierté
est d'être aujourd'hui l'auxiliaire modeste, mais convaincu, d'une
accusation implacable et sereine, car ce crime est si laid, si
sordide, si bestial et si lâche, que c'est pour moi défendre
encore que d'attaquer comme j'en ai le devoir. Qui donc, en
effet, plus que ces malheureuses victimes mérite aujourd'hui
d'être défendu, tandis que seule encore leur dolente innocence
plaide en leur faveur ? Qui donc plus qu'elles, est faible à l'heure
où des voix criminelles tentent de remplir de leurs mensonges
le grand silence tragique des tombes ?

MANŒUVRES PRÉPA-RATOIRES DÉJOUÉES. Messieurs, vous savez avec quelle
passion l'on a tenté de faire dévier
ces débats. Vous n'êtes pas sans savoir les à-côtés dont on a
voulu masquer le fond vrai du procès. Vous ne vous éton-
nerez donc pas si, au début des observations que je présente
à la Cour, j'essaie d'élaguer ces à-côtés pour permettre de mieux
voir le fond même du procès.

Il est une pièce, dans cette énorme procédure, que ne connais-
sent certainement pas Messieurs les Conseillers, et encore moins
Messieurs les Assesseurs, puisqu'on a eu la pudeur tardive de
ne pas l'évoquer.

Je veux parler d'une plainte que je ne daignerai pas qualifier,
d'une plainte contre magistrat, et tout de suite je fais observer
que, jusqu'ici, je ne comprends pas cette espèce de distinction
qu'on a tenté de créer au cours de ces débats entre ce qu'on
appelle les magistrats de carrière et les magistrats d'occasion.
Pour moi, et pour tous ceux qui sont conscients de la
responsabilité du juge, il n'y a qu'une catégorie de magistrats : les magistrats sans épithète. Ceux qui laissent accoler
une épithète à leur nom, ceux-là je ne daigne pas les
connaître.

Donc, une plainte entachant l'honorabilité du juge qui a
instruit cette affaire a été déposée par les accusés, tendant à
prouver d'abord qu'il avait commis, dans l'exercice de ses

fonctions, un faux en écriture publique. La Chambre des Mises
en accusation en a fait bonne justice, et le silence étant parfois
plus éloquent que la pire des épithètes vous avez apprécié avec
quel silence M. le Juge BONNET a accueilli, à cette barre, les
allégations de la défense. Mais, Messieurs, cette pièce appartient
aux débats, elle insinue. Elle a tenté de jeter dans l'esprit des
premiers juges, un doute sur la sincérité du magistrat instructeur, elle a tenté de pousser à un supplément d'information qui
n'avait d'autre but que la mise en cause d'une haute personnalité
étrangère en tous points à ces débats.

La défense se plaignit, d'abord, qu'une enquête eût été faite
sur le point de savoir qui avait pu conseiller aux accusés de
choisir un avocat.

Il a été établi nettement, au cours de l'instruction, ou plutôt
à la suite des observations que M. le Procureur Général a
provoquées de la part du magistrat instructeur, qu'une enquête
a été faite sur le point de savoir si un agent indigène de la
Sûreté avait osé trafiquer de son influence pour essayer d'amener
les accusés vers un avocat. Je n'ai pas à dire ici, Messieurs, et
personne n'a pu suspecter mes paroles, qu'un confrère quelconque ait pu être mis en cause en cette affaire. Mais il est bon
de préciser quelle atmosphère on vient tenter de créer autour
de cette affaire, dès la première heure, et quelle réponse
écrasante la Chambre des Mises a déjà faite à ces conclusions
tendancieuses et controuvées.

Ah ! Messieurs, on avait tenté encore de montrer le juge
d'instruction animé du désir de garder, sous son autorité
absolue, les accusés qu'il avait eus à sa disposition, dès la
première heure. On a essayé de prouver que M. le Procureur
Général n'a même pas été tenu au courant de la procédure, dès
son début, et bonne justice encore a été faite de ces affirmations
gratuites, car vous trouverez au dossier une lettre émanant de
M. le Procureur Général établissant que le soir même du crime,
le juge d'instruction, qui était alors le propre chef de cabinet à

la Résidence Supérieure, envoya un télégramme d'extrême urgence et de priorité au Procureur Général pour l'informer du crime.

Par conséquent, M. le Procureur Général a été prévenu dès la première heure comme il était de droit.

On a tenté, vous ai-je dit encore, de montrer que le juge d'instruction voulait peser sur les accusés et s'obstinait jusqu'au dernier moment, à ne point se séparer d'eux. Une lettre du 13 Juin, *une lettre du 13 Juin* — retenez cette date — alors que la procédure venait d'être terminée, indique que M. le juge d'instruction Bonnet n'avait qu'une préoccupation, celle de se défaire des accusés parce que la prison de Kompong-Chhnang n'offrait aucune sécurité et qu'une évasion s'était produite au cours de l'instruction. Veuillez alors interpréter le silence de la défense sur tous ces points au cours des débats et convenir que cette première machination a été brutalement déjouée par la Chambre des Mises en accusation.

LES LIEUX DU CRIME ET SON AMBIANCE. Ceci dit, il s'agit, avant de rentrer dans le vif même du procès, de situer, si vous le voulez bien, pour chacun de Messieurs les Conseillers qui ne sont pas de la région, le lieu du crime et l'ambiance dans laquelle ce crime s'est produit.

La circonscription de Kompong-Chhnang, dans laquelle se trouve Krang-Léou, actuellement Derachan par sanction royale, contient environ 120.000 habitants. Je prie la Cour de retenir ces chiffres que je ne cite pas en guise de remplissage, mais pour éclairer la démonstration qui va suivre.

La circonscription de Kompong-Chhnang renferme 120.000 habitants. Elle comprend 5 provinces. Une de ces provinces est le Khand de Roléa Péar et dans cette province de Roléa Péar se trouvent 11 villages dont le Khum de Krang-Léou qui contient 1.811 habitants.

Il est bon, Messieurs, avant même d'aborder le fond du procès, de consulter sommairement l'histoire du peuple cambodgien. Rappelons-nous quelle insécurité absolue régnait sur ces régions avant que le Protectorat vint y faire planer la tranquillité, la justice et la paix. Rappelons-nous combien les pillages, les razzias, les enlèvements et les vols étaient quotidiens lors des incursions siamoises et annamites dans le royaume khmer. Et considérons que c'est le Protectorat français que l'on viendra attaquer tout à l'heure ou que l'on essaiera d'attaquer à cette barre qui a fait régner depuis toujours le calme et la sécurité parmi ces populations.

Une légende — il est bon quelquefois de faire appel aux légendes pour saisir la mentalité profonde d'un peuple, — une légende illustre, à mon sens, d'une façon éclatante les débats : je veux parler de la légende de la citadelle de Loveck, si connue de cet admirable peuple cambodgien.

La citadelle de Loveck était une citadelle à la Vauban, c'est-à-dire inviolable. Citadelle si vaste, si fortifiée, que le chroniqueur de l'époque dit qu'un cheval au galop, le plus vigoureux fût-il, ne pouvait en faire le tour sans perdre haleine. Un véritable rempart, constitué par une forêt impénétrable de bambous, environnait cette citadelle et, au centre même de cette fortification, se trouvaient deux statues d'or du Bouddha dont l'une renfermait les prières sacrées et l'autre tout ce qu'il était humainement possible de savoir.

Le Roi du Siam convoitait ces deux Bouddhas et surtout leur contenu. Il tenta la force et s'épuisa en vain autour de la citadelle. Il fit appel à la ruse et celle-ci réussit dans les circonstances que je vais dire. Il eût une idée vraiment ingénieuse. Il arma les fusils de ses hommes de balles d'argent et fit tirer de telle sorte que ces balles pussent tomber au devant de la forêt de bambous, de façon à allumer les convoitises des Cambodgiens. Ces convoitises, une fois la troupe retirée, ne tardèrent pas à se manifester et, naïvement, ceux — qui permettez-moi l'expression triviale — ne voyaient pas plus loin que le bout de leur nez, rasèrent la forêt de bambous pour ramasser les balles d'argent. Quelques instants après le Roi du Siam revenait, pénétrait sans coup férir dans la citadelle, en massacrait tous les occupants et s'emparait des deux Bouddhas.

Serrons d'un peu plus près le centre même des faits qui se sont déroulés le 18 Avril. Nous verrons que la population de Krang-Léou,   vous ne l'ignorez pas, Krang-Léou est un composé de deux mots cambodgiens qui veulent dire « groupement laotien »,   nous verrons que cette population est d'origine laotienne, chose essentielle au point de vue de la compréhension de ce procès, par conséquent population non purement cambodgienne, population qui, cela ne vous étonnera pas au cours de ma démonstration, ne manifestera pas suivant la mentalité cambodgienne. Cette population de Krang-Léou était ce qu'on appelait autrefois des Pols, c'est-à-dire des esclaves royaux dispensés en cette qualité de toute sorte d'impôts. Que ceci reste dans vos esprits, Messieurs les Juges.

Une autre légende, — je fais appel à l'indulgence de la Cour et m'excuse d'avoir toujours à faire appel aux légendes, — une autre légende, celle-ci née depuis le crime, n'a pas retenu l'attention de la Cour durant ces débats trop longs. Mais il me paraît aussi essentiel d'en faire état et de montrer, à travers elle, à quelle population superstitueuse et fruste vous avez à faire.

Pour comprendre ce procès, j'ai eu la curiosité de me rendre sur les lieux du crime et de voir dans quelles conditions le crime avait été commis, quelle était, plus exactement, la position de chacun lors du crime du 18 Avril.

Je me suis adressé à cette population à travers une interprétation, n'en doutez pas. Mais, j'ai eu la bonne fortune de recueillir une légende née de l'Affaire BARDEZ.

Le malheureux Résident BARDEZ, le long de son trajet de Preymoul à Krang-Léou, se vit assaillir par une nuée de corbeaux qui, contrairement à l'usage, tournoyaient de très près au-dessus de sa tête à ce point qu'il fut obligé, à l'aide de sa cravache, de les écarter. Premier signe néfaste au dire même des Cambodgiens. Et, tandis qu'il arrivait sur les lieux, au-dessus même de l'arbre du crime, deux oiseaux du pays, un vautour et un autre oiseau, qu'il est d'usage de nommer avocat parce qu'il porte un jabot blanc et est de noir vêtu, le vautour et l'avocat se livrèrent bataille au-dessus de cet arbre. L'avocat d'abord vainqueur, terrassa le vautour et reprit les airs. Le vautour terrassa définitivement, à son tour, l'avocat et, m'ajoutait celui qui me racontait cette légende, dès ce moment l'on fut convaincu que, non seulement les jours, mais les minutes du Résident étaient comptées.

Le mékhum qui se trouvait à ses côtés, ayant tout de même la notion, relative j'entends bien, mais la notion cependant de la différence considérable qui existe entre la mentalité française et la mentalité cambodgienne, eut honte de lui en faire part et précisa que s'il s'était agi d'un Cambodgien dont l'attention n'eût pas été attirée par ces faits, il n'eût pas manqué de lui crier :
« Prenez garde, n'allez pas plus avant ! ».

Voici donc, Messieurs, cette population essentiellement émo-tive, vivant au seuil même de la forêt pour qui les ombres de la nuit sont autant de spectres agissants et qui, au milieu de ces bois, est l'objet de toutes les impressions premières et de toutes les impulsions.

Ne perdez pas de vue, pour bien comprendre ce procès, et pour le situer, que, lors du crime, quelques jours avant, la popu-lation entière de cette région et celle des Grands Lacs étaient dans la terreur absolue qu'y avait semée la bande néfaste de Tixu.

Considérez, par conséquent, qu'aux yeux mêmes de ces popu-lations primitives qui ont une tendance trop naturelle à ne respecter l'autorité que si elle est immuable et inattaquable, aux yeux mêmes de ces populations primitives, on se trouvait en présence d'une autorité française énervée.

Pour ces populations à qui il ne faut pas demander des raisonnements complexes, l'autorité française était tenue en échec par cette bande de pirates et vous l'avez su, des témoins sont venus en déposer à cette barre, le Résident BARDEZ s'était lancé avec passion à la poursuite du bandit TNU.

LA TOURNÉE FATALE.
Ses efforts n'ont malheureusement pas été couronnés de succès et c'est, dans ces conditions que, le 18 avril au matin, il se présentait au village de Krang-Léou.

Ah! nous allons, si vous le voulez bien, pour me permettre de discuter davantage tout à l'heure, passer rapidement sur les faits du crime même que tout le monde connaît à satiété, j'ose dire. Le Résident BARDEZ, accompagné de l'interprète SOURN et du milicien LACH, arrive au matin, à 7 heures 1/2 disent les uns, 8 heures moins un quart disent les autres, peu importe, mais au matin, à la sala de Krang-Léou, en avance sur son itinéraire et comptant passer de brèves heures en cet endroit. Il donne l'ordre à sa charrette, contenant son campement, de se diriger vers Pongro où il devait passer la nuit.

La population ne l'attendait pas encore, je viens de le dire, il était en avance sur son horaire, et seuls les pavois d'usage se dressaient déjà autour de la sala.

Le Résident BARDEZ fit immédiatement appeler la population et s'entretint d'abord avec les bonzes.

LES BONZES.
Ici, Messieurs, il convient de s'arrêter. Il faut être pénétré du respect le plus intégral, du respect le plus profond que manifeste tout Cambodgien vis-à-vis du bonze. C'est une autorité sacrée, un respect que je ne saurais comparer, — et encore je ne sais pas si cette mysticité était de mise à l'époque, — au respect absolu qu'avaient nos paysans au Moyen Age pour le moine. Chaque village a son groupement de bonzes, comme autrefois les villages rayonnaient et se groupaient autour du monastère. Chaque village, par conséquent, est en contact perpétuel avec

les bonzes et tous les actes individuels, tous les actes importants de la vie de ces populations sont intimement mêlés à la vie du bonze et soumis à ses conseils.

Rien d'étonnant, par conséquent, que le Résident ait désiré tout d'abord parler avec les bonzes. Le Résident BARDEZ, à sa grande surprise, apprend que, malgré l'époque avancée, l'impôt n'est pas rentré. Immédiatement il change ses plans, donne des contre-ordres et exige que la charrette qui s'était déjà dérigée vers Pongro revienne vers Krang-Léou prévoyant qu'il aurait peut-être à y passer la nuit.

Ici, se place la discussion, ou plutôt l'échange de vues entre le Résident BARDEZ et les bonzes. Loin de ma pensée de dire qu'à un moment donné ceux-ci n'ont pas dit la vérité, mais tout de même, tout comme le moine du Moyen Age qui considérait un peu la population comme serve dans le sens le plus large du mot, et tendait à la protéger, à la défendre contre la fiscalité qui, Messieurs, en toute époque et en tout temps, a été, est et sera l'ennemi populaire, les bonzes tentent d'être agréables à leurs fidèles.

Et de dire : la population de Krang-Léou est très pauvre, elle vous demandera probablement un dégrèvement d'impôts. Le Résident fait observer que si cette population était pauvre pour déférer aux ordres fiscaux, elle était assez riche pour bâtir des pagodes.

Les bonzes, leur devoir accompli, n'insistèrent pas et vous verrez, par la suite, et vous avez même déjà *vu*, que l'attitude de tous les bonzes a été nettement en faveur de l'administration et qu'ils ont conseillé immédiatement à la population d'avoir à déférer aux ordres du Résident, à savoir verser l'impôt sans retard.

La population commence à arriver et quelques individus demandent au Résident des dégrèvements. Le Résident leur fait répondre, après avoir ordonné à nouveau la lecture des instructions sur l'application de la réglementation de l'impôt des paddys, qu'ils sont forclos dans leurs délais, que la récolte est excellente, certains témoins sont venus vous dire exceptionnelle, et que, d'autre part, il s'engageait, l'année prochaine, au cas où leurs justes réclamations seraient produites, à les examiner avec bienveillance et à les soumettre à l'autorité compétente.

LES « OTAGES » Ici le Résident BARDEZ voyant qu'il avait affaire à une mauvaise volonté un peu trop évidente, prend ce qu'on a appelé, d'une façon injuste à mon sens, des otages, consigne 12 contribuables, les consigne légalement, aux termes mêmes de l'ordonnance royale, les consigne à sa gauche, sous la garde d'un milicien. A ce moment, quelques personnes payent mollement l'impôt ; une somme de 30 ou 40$ environ est perçue et quelques instants après, sur l'observation du mékhum, je crois, le Résident ayant appris qu'un groupe de 6 ou 7 individus, d'allure suspecte, étrangers au village, habillés dans des conditions incorrectes, se trouvent dans la sala au lieu de suivre le conseil ou plutôt la suggestion faite par le mékhum d'avoir à écarter ces gens, le Résident donne l'ordre au contraire de les faire approcher. Et, ici, remarquez qu'elle était la confiance du Résident ; est-il possible, après cela, de venir plaider qu'il avait des inquiétudes ? Voilà un homme qui, prévenu qu'il a affaire à des gens sans aveu, des gens suspects, à qui on demande l'autorisation de faire évacuer la sala, dit au contraire :— « Mais laissez-les approcher, je ne demande qu'une chose : c'est accomplir ma fonction le plus largement possible et expliquer de plus près à cette population toute entière quelles sont les modalités de l'impôt et pourquoi il faut payer ».

L'ORDRE ULTIME. Cependant, Messieurs, sachant pertinement que cette population est émotive et que le moindre élément de désordre pourrait être dangereux pour elle, le Résident BARDEZ rédige un ordre adressé à son adjoint M. TICHIER, disant : « Prière envoyer immédiatement 12 hommes et un gradé. Signé BARDEZ ». Et, détail considérable, l'interprète, nous a déclaré un témoin, traduit à haute et intelligible voix, au krom chargé

d'exécuter cette mission, dans une sala grande comme la main
ou tout le monde se presse, les instructions précises du Résident.
Ceci aura son importance, au cours de la discussion qui va
suivre, quand il s'agira de montrer comment l'attitude de Néou
a pu être modifiée dès ce moment. Quoi qu'il en soit, une femme,
Néang-By, voyant son mari consigné, se décide, pour le faire
libérer, à aller chez elle prendre le montant de l'impôt que
celui-ci doit payer, vient verser l'argent au mékhum et fait le
geste d'appeler son mari. Que se passe-t-il à ce moment? Le
Résident dit : — «Non, tout à l'heure, il ne sera pas libéré maintenant ». Néang-By insiste, dit même : — « Il a payé l'impôt, je
vous demande de le laisser aller manger ».

LE CRIME. Quoi qu'il en soit, à l'heure où cette discussion
a lieu, et c'est un point essentiel du procès, une échauffourée, un
brouhaha, un désordre se produisent, provoqués par la bande à
Néou qui, en un clin d'œil, plus vite qu'il n'est possible de
l'expliquer à la Cour, désarme le milicien, frappe le Résident
et se livre à la boucherie macabre que vous savez.

Voilà les faits, Messieurs, dans toute leur brutalité, j'allais
dire dans toute leur bestialité. Il s'agit maintenant de les
examiner et de bien les peser pour que vous puissiez asseoir
votre conviction.

QUI A DÉCIDÉ LA Quelles ont été les raisons de la tournée
TOURNÉE FATALE? du Résident BARDEZ? Comment cette
tournée a-t-elle été conçue et par qui a-t-elle été décidée? Il
est acquis aux débats, d'une façon indiscutable, que les raisons
qui ont déterminé le Résident BARDEZ à entreprendre cette
tournée fatale ne sont nullement inspirées par le désir de faire
rentrer l'impôt. Rappelez-vous, en effet, le contre-ordre qu'il
donne à Krang-Léou quelques instants après son arrivée,
quand il apprend que l'impôt n'est pas rentré, et qui
consiste à faire revenir à Krang-Léou ses bagages dirigés
vers Pongro.

RAISONS DE LA TOURNÉE DE BARDEZ. Il avait comme désir. Messieurs, étant depuis quatre mois seulement dans la province, et n'ayant pas pu prendre contact avec la population par suite de la poursuite incessante du bandit Tinh, il avait pour but d'approcher cette population et de lui parler notamment de la règlementation des paddys. L'impôt, Messieurs, c'est la base de tout. C'est aussi le rôle essentiel du Résident dans une province, de savoir quels sont les désiderata de ses administrés.

LA NOTE POSTALE DU 9 AVRIL 1925. Ici, nulle équivoque possible. Je n'en veux pour preuve que la pièce versée aux débats, datée du 9 Avril 1925, écrite de la main même du Résident BARDEZ et qui était ainsi conçue :

« *Honneur vous rendre compte....... »*

Mais souffrez que j'ouvre une parenthèse. Ne croyez pas, M. CHASSAING vous l'a dit, qu'il était d'usage qu'un Résident, avant de se déplacer de sa province, en avisât l'autorité supérieure. Il a toute liberté d'action, mais ne perdez pas de vue, au cours de ce procès, que le bandit Tinh opérait dans cette province et que l'autorité supérieure avait prévenu les Résidents des circonscriptions limitrophes en leur disant : « Ne vous écartez pas du centre de votre Résidence, sans m'en aviser pour, au cas où le bandit Tinh opérerait inopinément, que je puisse savoir que vous êtes absent et aviser au mieux ».

« *Honneur vous rendre compte qu'à moins instructions con-*
« *traires votre part ou évènements imprévus (évènements bandit*
« *TINH) effectuerai tournée... etc...»*

Il suffit de lire logiquement ce texte limpide pour se rendre compte que l'initiative de cette tournée est imputable uniquement au Résident BARDEZ et quand il déclare : « *à moins instruc-tions contraires de votre part* », c'est sous-entendre, n'est-il pas vrai : « instructions générales n'ayant pas été données définitivement sur ce point par l'autorité supérieure, à moins d'instructions contraires de votre part ou événements imprévus, effectuerai... etc...»

Par conséquent n'insistons pas sur un point tellement établi et tellement évident qu'il n'est pas possible d'en discuter utilement.

<u>LA BANDE A NÉOU</u>. Voilà donc l'initiative de cette tournée prise par le Résident Bardez en toute liberté d'action, je m'empresse de le dire. Il s'agit de savoir maintenant quels sont, aux yeux de tous, ou plutôt aux yeux de la partie civile tout au moins, les causes profondes du crime. La bande de Néou est à la base de cette affaire. Il ne faut pas, parce que l'un des principaux coupables a déjà payé sa dette, le perdre de vue et s'imaginer simplement que, parce que cette bande est décapitée, elle n'a pas de chef, chef redouté et dangereux.

Vous savez quel était le repaire de cette bande composée de 6 à 7 individus que nous vous avons désignés,　je le dis parce que c'est la vérité et l'évidence, il faut faire une distinction entre les accusés qui sont ici, — vous savez, dis-je, quel était le repaire de ces gens qui composaient la bande professionnelle de Néou. Elle siégeait à Bantéai Ampil, à 25 kms au Sud-Ouest de Krang-Léou. Elle avait certaines accointances dans le centre puisqu'elle y avait contracté des alliances. Cette bande, de l'aveu même des témoins, était à court d'argent. Il ne faut pas croire la vie du pirate toujours agréable et facile et, fort heureusement pour les paisibles habitants, chaque opération tentée par la bande n'est pas toujours fructueuse. Il faut cependant bien que le pirate vive et, comme ces gens ne vivent que de pillages, il faut envisager quelles sont les opérations fructueuses et limitées qui peuvent se présenter et nourrir la bande.

Par conséquent, voilà la bande inactive et presque affamée. Elle a récolté, dans tout le mois, 23 $. Il faut vivre et vous savez que les bandits vivent largement ; on vous a dit à quelles libations copieuses ils se livraient; on vous a même dit qu'ils poussaient le dilettantisme jusqu'à faire battre des coqs. Vous savez donc que c'étaient des pirates décidés à bien vivre.

CONCILIABULES PRÉPARATOIRES.

Néou est en train de chercher quel est le coup qui peut être conçu. Il arrive; il sait, lui, que l'impôt n'est pas rentré, il a, comme je l'ai dit, des accointances dans le village, — il sait que le Résident se transporte à Krang-Léou, le 18. Considérez qu'il le surveille depuis Preymoul et que le Résident a été précédé de quelques instants par cette bande à Krang-Léou. Il sait, par conséquent, que l'on va prélever l'impôt et, de là, à jeter son dévolu sur cet argent, il n'y a pas loin.

LA BANDE AU DÉBIT D'ALCOOL.

Cette bande, aussitôt arrivée sur les lieux, s'est réfugiée dans le repaire habituel des malfaiteurs, au débit d'alcool. Pendant que ces bandits se trouvent à Krang-Léou, les fêtes du Têt se déroulent depuis quelques jours, et ici, je fais appel à vous tous, Messieurs, que ce soit au Cambodge, ou en Cochinchine ou dans toutes autres parties de l'Union, vous savez avec quelle ampleur ce jour de l'an est fêté. Toute cette population, par conséquent, est en liesse et, il faut bien s'en rendre compte, une population aussi primitive ne peut avoir de distractions ni variées, ni d'une fantaisie bien compliquée. Ce sont les agapes, ce sont les beuveries, ce sont les combats de coqs, toutes choses qui, d'une façon égale, excitent l'imagination et mettent les nerfs à rude épreuve.

LES NOTABLES N'ONT PAS INSPIRÉ LE CRIME.

On a pu, et j'ai comme devoir d'examiner quelles sont les diverses hypothèses qu'on a fait valoir durant ce procès pour essayer d'expliquer le crime de Krang-Léou, on a pu envisager l'hypothèse que le crime aurait été causé par les agissements occultes des notables. On a dit, tout au moins on a laissé supposer, que les notables, mécontents de l'augmentation de l'impôt, — ce

mot n'a aucune valeur et aucun sens étant donné la règlementation des paddys,   que les notables, mécontents de l'augmentation
de l'impôt, soucieux de ne pas paraître, auraient soudoyé la
bande de ces malfaiteurs pour essayer de faire pression sur
l'autorité administrative en lui faisant comprendre par un acte
violent que l'impôt était trop lourd. Je m'empresse de vous dire
que, malgré la lecture la plus attentive du dossier, malgré une
attention soutenue au cours de ces longs débats, rien, rien ne
peut être produit à l'appui de cette affirmation et je vais plus
loin, tout démontre que ce n'est pas vrai et que ce n'est pas
vraisemblable.

Vous avez entendu, en effet, les témoignages produits à cette
barre. Vous savez que cette population cambodgienne est essentiellement individualiste et qu'elle ne sait ni de près, ni de loin
ce qu'est la solidarité. C'est ainsi que 4 ou 5 malfaiteurs
peuvent terroriser la région entière alors qu'il suffirait d'une
entente entre quelques villageois pour mettre à mal la bande
néfaste.

Il ne faut pas dire, par conséquent, que les accusés, s'ils avaient
été poussés au crime par les notables, en admettant qu'ils se
soient laissés pousser au crime, c'est-à-dire à agir pour les
autres quand ils n'avaient à cela aucun intérêt personnel, il ne
faut pas croire que ces malfaiteurs, devant le juge instructeur
d'abord et devant vous aussi, Messieurs, sachant très bien que
leur tête était l'enjeu de ce procès, auraient gardé le silence et
n'auraient pas dénoncé les véritables auteurs moraux de ce
crime.

Mais il y a mieux. Vous avez entendu certains notables de la
région qui sont venus témoigner à cette barre et accuser formel-
lement ces gens, et vous croyez alors qu'il y aurait eu une con-
nivence quelconque entre les accusés et ces notables, alors que
ceux-ci se permettaient de sortir de la réserve imposée par leur
complicité morale, que les accusés auraient gardé cette réserve
complaisante et si lourde de conséquences graves pour eux ?
Allons, Messieurs, dans aucun pays du monde, vous ne ferez
admettre cette théorie et encore moins au Cambodge.

LE CRIME N'EST PAS IMPUTABLE AU MÉCONTENTEMENT DES MÉKHUMS.

L'on a dit, ensuite, que le crime était peut-être imputable au mécontentement des mékhums qui, l'ordonnance de 1921 leur ayant supprimé certains pourcentages, avaient agi en sous-main sur la population pour susciter des difficultés à l'administration française. Outre, que cette initiative me paraît bien douteuse pour les raisons que je viens d'avancer, il y a un fait qu'est venu préciser devant vous M. Chassaing et qui montre que les mékhums, — si l'on a changé l'épithète de leurs allocations, n'en continuent pas moins pas moins à toucher des pourcentages qui peuvent être évalués à 3 %. Par conséquent, cet argument n'est pas valable.

C'est alors que nous arrivons à une cause qui peut séduire parce qu'elle approche davantage de la vérité tout en demeurant très éloignée : le mécontentement de la population ; et c'est ici que j'aborde le point délicat de la discussion : le mécontentement de la population au point de vue de l'impôt.

DEUX ACCUSÉS SUR 19 PAYENT L'IMPOT DES PADDYS, L'UN POUR 7 $, L'AUTRE POUR 2 CENTS.

D'abord, il y a un fait essentiel qu'il faut retenir : c'est que sur 19 accusés, dont un n'est pas présent ici puisqu'il est décédé au cours des débats, sur 19 accusés qui, à l'origine, devaient comparaître devant vous, deux seulement payent l'impôt des paddys, l'un pour la somme « considérable » de 7 $, l'autre pour la somme « écrasante » de 2 cents. L'impôt des paddys ne peut avoir aucun effet sur ces gens-là.

Dans ces conditions, vraiment, comment expliquez-vous que, dans une province de 120.000 habitants, dans un khand de 38.000 et quelques habitants, le khand de Roléa-Péar, dans un village de 1.811 habitants, 19 individus s'acharnent aussi bestialement que vous le savez sur trois malheureux dont nous avons à déplorer la mort aujourd'hui, pour protester contre quoi ? contre le taux excessif de l'impôt, alors qu'ils ne sont pas contribuables. Vraiment, Messieurs, on peut être ami du paradoxe, et pour ma part je lui reconnais une certaine saveur, mais il ne faut pas pousser jusqu'à la contre-évidence l'esprit paradoxal et vous comprenez bien que personne, qu'aucun esprit averti ne peut penser un seul instant que ces gens-là, à un moment donné, aient voulu, en assassinant les trois hommes que vous savez, manifester leur mécontentement des charges fiscales.

SOLLICITATIONS DE TEXTES. On a fait état, et je rends hommage à la défense qui excelle dans l'art d'interpréter les textes et de les solliciter, on a fait état d'une note de M. le Résident Supérieur au Cambodge qui disait, à propos de l'incident de Roléa Péar sur lequel nous aurons à insister tout à l'heure, « apprends troubles population seraient occasionnés par mécontentement impôt. Vous prie fournir explications ». Et alors de triompher. Lorsque l'autorité supérieure a une phrase qui peut servir à la défense, la véracité de ce qu'elle avance est intangible et lorsque, par hasard, un texte de l'autorité supérieure se heurte à la défense, évidemment, il n'y a pas pire ennemi et pire absurdité.

Il faut faire remarquer tout de suite que cette note a été spontanément et intégralement versée aux débats et que s'il avait plu à l'autorité supérieure de la laisser ignorer à la justice, celle-ci n'aurait eu aucun moyen d'en connaître l'existence.

Donc, cette autorité supérieure vous a fourni des renseignements qui vous permettaient d'éclairer votre religion spontanément. Elle vous dit: « j'ai appris. . . . . il me revient. . . ce n'est pas pour moi la vérité mais on me dit et j'ai comme devoir de me renseigner. C'est même pour cela que je demande des explications. Il me revient que des mécontentements suscités par l'impôt excessif se sont produits dans tel endroit, entre autres à Roléa Péar ou plutôt à propos du balat de Roléa Péar. . . je sais que des incidents se sont produits, je vous prie de me fournir des explications sur ce point ».

Et la défense qui sait laisser dans l'ombre les pièces gênantes oublie de vous produire une pièce qui est aussi versée au dossier et qui émane de ce pauvre Résident BARDEZ lui-même : c'est la réponse faite à la note de l'autorité supérieure. « J'attachais si peu d'importance à cet incident, dit à peu près BARDEZ, que je n'ai pas cru devoir vous en saisir par rapport spécial et que j'ai attendu d'avoir produit mon rapport trimestriel pour vous fournir des renseignements ».

Nous verrons, tout à l'heure, ce que vaut cet incident du balat et à quelles proportions il faut le ramener. La Cour n'a pas été sans ignorer que, pièces et documents en mains, l'on ne s'est point gêné pour attribuer les paroles de l'Inspecteur des Colonies à l'autorité supérieure et M. CHASSAING, présent à l'audience, s'est vu dans les mêmes conditions prêter certaines paroles alors qu'indiscutablement elles émanaient d'un autre fonctionnaire, comme cela résultait de la pièce même que l'on produisait. Je laisse à la Cour le soin d'apprécier ce mode de discussion et, pour ma part, je continue la mienne.

L'INCIDENT DU BA-LAT DE ROLÉA PÉAR. Arrivons, si vous le voulez bien, à l'incident du balat de Roléa Péar. Deux incident peuvent sembler, *à priori*, confirmer la thèse qui consiste à soutenir que le mécontentement de l'impôt était la cause essentielle et profonde de ce crime : l'incident de Roléa Péar et ce que l'on a appelé l'incident de Kompong-Chhnang.

D'abord l'incident de Roléa Péar. Vous avez entendu l'intéressé lui-même à cette barre ; vous avez au surplus, au dossier, des documents concernant cette affaire. Il en résulte que cet incident s'est produit dans les circonstances suivantes et qu'il convient de localiser.

Le balat reçut l'ordre formel du Résident BARDEZ de se rendre dans le khand de Roléa Péar pour se renseigner sur le point de savoir où en était la perception de l'impôt des paddys. Ce balat, par excès de zèle sans doute, arrive sur les lieux, apprend, notez encore ce point, Messieurs, dans la même province de

Kompong-Chhnang ou paraît-il, la population entière est mécontente de l'impôt, avant le crime du 18 Avril, — apprend, dis-je, que les trois-quarts de l'impôt sont déjà rentrés ; cette population qui ne veut pas payer, a déjà payé antérieurement au crime. Que fait-il ? Au lieu, ces renseignements recueillis, de s'en retourner pour en rendre compte au Résident, pris d'un excès de zèle, voulant peut-être faire montre de son autorité et croyant bien faire, il veut, à son tour, percevoir l'impôt personnel et non l'impôt du paddy déjà rentré en presque totalité.

IL EST PROVOQUÉ PAR UN ZÈLE MALADROIT A L'OCCASION DE L'IMPOT PERSONNEL. Il prend, par conséquent, l'initiative du prélèvement de cet impôt, et j'attire l'attention de la Cour sur ce point qu'à aucun moment, l'impôt personnel n'est en cause dans cette affaire et que c'est uniquement à l'occasion de cet impôt, à l'occasion de ce prélèvement inconsidéré et inopportun que le balat se trouve en présence d'une population hostile. Il violente une femme, et rappelez-vous, Messieurs, que la femme cambodgienne est l'âme de la maison. C'est elle qui dirige la maison, c'est elle qui réglemente toutes les questions financières du ménage. Cette femme est l'objet des violences du balat, la population s'ameute et on lui fait la conduite que vous savez.

Voilà l'incident du balat de Roléa Péar qui, vous le voyez, n'a rien à faire dans ce procès.

L'INCIDENT DE KOMPONG-CHHNANG. Arrivons alors à ce qu'on a appelé l'incident de Kompong-Chhnang. Il s'est produit aussi antérieurement aux faits dont vous avez à connaître. L'incident se résume à ceci. Quelques indigènes des environs de Kompong-Chhnang, un après-midi, arrivent docilement, pacifiquement à la Résidence, demander quoi? est-ce un dégrèvement? Non, un délai pour le paiement de l'impôt des paddys, un délai ce qui sous-entend bien que si cette population, directement intéressée elle, au prélèvement de l'impôt des

paddys, avait eu conscience, à un moment donné, que cet impôt
était excessif, elle ne se fût pas bornée à demander un délai
mais à réclamer un dégrèvement. Le Résident, — on a même
été jusqu'à vous dire qu'il avait une raquette à la main, — en
peu de mots leur a dit : « C'est entendu, vous aurez le délai
désiré », et ces braves gens, tranquillement, ont rejoint leurs
villages.

**LA COUTUME DE LA PROTES-
TATION PACIFIQUE EN MASSE.** Ah ! ici, ceux qui n'ont pas
l'habitude du Cambodge
peuvent s'imaginer que cette ruée en masse vers la Résidence
avait quelque chose d'hostile et montrait que cette population
était travaillée par un certain mécontentement. Je fais appel à
Messieurs les Assesseurs qui savent que le mode préféré de
protestation du Cambodgien est la protestation en masse, sans
armes. Il y a quelques années, près de 20.000 Cambodgiens vinrent
à Phnôm-Penh manifester pour je ne sais quelle raison aux abords
du Palais royal. Il ne leur fut fait aucun mal, on écouta leurs
doléances. L'autorité supérieure, sans armes, s'est présentée à
eux, a écouté leurs doléances et leur a répondu. Ces populations
sont rentrées tranquillement dans leurs villages. C'est une mentalité locale dont il convient de tenir compte pour apprécier
la valeur de ce procès.

Alors, que reste-t-il et quelles sont les causes réelles, les
causes légitimes de ce crime? Loin de moi l'idée de simplifier
ce procès. Comme tous les faits humains, il est évidemment
complexe et d'autant plus complexe, que nous sommes en
présence d'une population non pas au psychisme fractionnaire
mais embryonnaire.

LES VRAIES CAUSES DU CRIME. Quelles sont, par conséquent, les causes de ce crime? J'ai longuement reflechi sur
cette affaire. J'ai pesé minutieusement les témoignages produits
à cette barre, j'ai cherché dans le dossier les éléments qui
pouvaient me permettre d'appuyer ma conviction.

LA BANDE A NÉOU DOMINE CETTE AFFAIRE. Je suis arrivé à celle-ci : ce crime n'eut pas eu lieu si la bande à Néou ne se fût pas trouvé dans le village le 18 Avril et je m'explique. Lorsque les témoins sont venus préciser les conditions dans lesquelles l'incident de Roléa Péar s'est produit, il ne vous a pas échappé que le balat a souligné une expression que vous trouvez dans le crime de Krang-Léou : « Qu'attendez-vous ? » Cette population primitive en toutes circonstances et pour manifester son mécontentement a des moyens tout à fait restreints et des expressions toujours identiques : « Qu'attendez-vous ? », c'est le mot qui déclanche tout dans l'affaire de Krang-Léou et c'est le mot qui n'a rien déclanché de grave dans l'affaire de Roléa Péar et, soyez sûrs que si à Roléa Péar le balat avait perçu l'impôt, si la bande à Néou avait été à Roléa-Péar ce jour-là et avait eu un intérêt, elle, à susciter des désordres pour percevoir l'impôt irrégulièrement et commettre un vol, le balat n'eut pas été à cette barre.

L'ARRÊT DE LA CHAMBRE DES MISES EN ACCUSATION. Il s'agit, par conséquent, de remonter à la bande à Néou pour établir les responsabilités réelles de ce crime. J'ai trop le respect, Messieurs, des choses de la justice, pour me permettre de discuter un arrêt de la Chambre des Mises en accusation devant lequel nous devons tous nous incliner, mais j'ai le droit de dire si le dispositif de l'arrêt est inattaquable que ses motifs renferment une argumentation qui d'après les renseignements produits et d'après les pièces mêmes du dossier apparaît comme erronée.

Que dit, en effet, l'arrêt de la Chambre des Mises ? « Om-« Chvox a bien déclaré que le voleur était Néou qui lui avait « remis 10$, mais il est revenu ensuite sur cette déclaration qui « était d'ailleurs manifestement fausse, la somme soustraite « n'étant pas supérieure à 30$ ».

Évidemment, c'est un raisonnement qui, pris en soi, semble impeccable, impossible à discuter. Mais je dis, — et je dis après

les témoignages que vous avez entendus, non seulement du mékhum Pal, mais des témoins, des otages qui en ont déposé sur mon intervention, — qu'une somme de plus de 100 $ avait été recouvrée par le mékhum Pal. Je dis, et j'ai le droit de dire que c'est le vol qui a poussé la bande à Néou à commettre ce crime.

C'ÉTAIT LE TÊT. Ah ! Je ne prétends pas que Néou n'a pas profité d'un état d'esprit spécial. Entendez-moi bien, je ne dis pas que si Néou était arrivé à Krang-Léou avant ou après le Têt, il eût pu commettre le forfait qui est reproché à ses co-auteurs aujourd'hui. Il faut voir que cet homme a bien pesé les choses, que depuis Preymout, il suivait le Résident, dans quel but sinon de chercher un coup à faire ?

LA CRAINTE DU MILICIEN. Je ne retiens pas l'hypothèse qui consiste à dire que Néou avait l'intention de voler le Résident. Je retiens les déclarations et les aveux qui ont été faits à l'instruction et desquels il résulte que, notamment, lorsqu'on a discuté sur le point de savoir quel était le coup à faire, Néou a précisé : « Nous allons prendre l'argent de l'impôt ». Et, lorsque, d'autre part, l'un de ses camarades, prudent, fit l'objection : — « Mais, attention, il y a le milicien. (la peur du fusil est un peu le commencement de la sagesse), Néou de répondre : — « Le milicien ? Je m'en charge ! » Il s'en est chargé en effet.

Donc, que la bande à Néou arrivant dans ce milieu surexcité par les fêtes du Têt qui s'écoulent en beuveries, conversations, ripailles, en toutes sortes de choses de nature à énerver la population que Néou lui-même, dans cette ambiance, ait vu tout de suite le parti qu'il pouvait tirer de la situation, cela est certain.

PRÉMÉDITATION. Je crois même qu'il a prémédité le crime et je vais vous dire dans quelles circonstances. Ah ! certes il ne l'a pas prémédité d'une façon rigoureuse et absolue ; il n'a pas dit : « Le Résident arrivera à telle heure, l'impôt sera perçu dans telle et telle circonstance, à tel moment. Dans telle circonstance que je choisirai et que j'ai déjà choisie et que j'ai déterminée j'interviendrai pour faire telle et telle chose et nous nous emparerons de l'impôt.

C'est rigoureusement impossible; il ne pouvait pas prévoir. Mais il a dit ceci, les témoignages de ses co-accusés sont là pour l'affirmer, il a dit ceci : — « Nous allons faire le coup de l'impôt; nous allons profiter de l'arrivée du Résident à Preymont, c'est déjà une préméditation; — nous choisirons le moment opportun, je ne sais à quel moment, mais je me charge du milicien ». S'il n'y a pas là préméditation aux termes de la loi, je ne sais pas ce que cela veut dire, je ne connais plus le Code Pénal. C'est dans ces conditions que l'on peut vous dire : — « Mais si Néou avait, comme vous le dites, eu l'intention de voler, il eut été beaucoup plus naturel qu'il attendit la rentrée intégrale de l'impôt parce que quand on a pour but de voler, on a aussi pour but de voler le plus possible ».

Comme tous les raisonnements. *a priori*, celui-ci paraît inattaquable, mais il y a les faits, il y a celui surtout que je soulignais tout à l'heure devant vous et qu'il faut examiner pour voir à quel moment Néou s'est déterminé à commettre le crime.

L'ORDRE ULTIME DE BARDEZ PRÉCIPITE LES CHOSES. Je vous ai dit et les témoins sont venus préciser à cette barre — que le Résident, lorsqu'il eut rédigé l'ordre à son adjoint d'envoyer 12 hommes et un gradé, a passé cet ordre écrit à l'interprète Soukx qui, à haute et intelligible voix, a traduit les instructions du Résident au krom chargé de porter la nouvelle. Que Néou et sa bande étant dans la sala se soient tenus ce raisonnement très simple : « Il faut opérer avant l'arrivée des 12 hommes, — puisque vous savez par expérience, par témoignage, que la crainte du milicien était pour eux l'essentiel — il faut par conséquent brusquer les choses ». C'est évident et à quel moment s'est produit le crime? Au moment, je dirais, choisi d'une façon presque artistique, s'il était possible de faire la théorie du beau en matière de crime. Au moment où la femme NÉANG By discute avec le Résident et essaie d'obtenir la libération de son mari, au moment où elle attire l'attention du Résident sur un point spécial et que, par conséquent, le milicien lui-même suit la discussion qui s'engage. C'est alors au moment où l'on s'y attend le moins, sans crier gare, que NÉOU et ses hommes se précipitent sur le milicien, le désarment immédiatement. En un instant, le crime se produit.

LA BANDE A NÉOU EXPLOITE LE MÉCON- TENTEMENT AU SUJET DU PRÉLÈVE- MENT DE L'IMPOT A L'ÉPOQUE DU TÊT. Vous voyez, par consé- quent, qu'il y a exploitation, par cette bande de malfaiteurs, de circonstances essentiellement favorables au crime et lorsqu'on parle de mé- contentement au sujet de l'impôt, il s'agit de s'entendre. Je ne veux pas vous dire que les populations de Krang-Léou étaient enchantées de payer l'impôt. Le jour où vous trouverez un contribuable quelconque dans quelque pays du monde enchanté de payer l'impôt je vous donnerai partie gagnée. Je ne veux donc pas vous dire que cette population, alors qu'elle fêtait le Têt, était enchantée de voir qu'on lui réclamait de l'argent, ce serait absurde. Mais, de là à supposer qu'il y avait mécontente- ment réel et profond et que cette population primitive était réellement révoltée dans son for intérieur par la pression qui était faite par l'administration française qui voulait la gruger et la saigner, ce n'est pas vrai et personne ne peut l'établir ici.

LA BANDE A NÉOU EN- TRAINE QUELQUES ÉGARÉS. J'entends bien que l'on vous dira : « Mais votre raisonne- ment eut été possible si la bande de Néou se fût trouvée seule à ce moment, mais il y a un malheur, c'est qu'à côté d'elle se trouvent des habitants du village, c'est qu'à côté d'elle il se trouve des jeunes gens sur le compte desquels on ne vous a pas fourni de mauvais renseignements ». C'est ici que j'en appelle à cette psychologie des foules qui a fait époque au point de n'être plus qu'une banalité parmi les accessoires judiciaires. Vous savez, et on l'a assez répété au cours de ces débats, que cette population était surexcitée par l'époque du Têt. Elle était certainement mécontente, c'est évident. Elle était mécontente de voir qu'elle était troublée dans ses paisibles agapes et qu'on lui réclamait l'impôt. C'est entendu. Et alors, quel a été le geste ? celui de la brute déchaînée. Ils ont bondi, ils ont frappé, ils se sont gorgés de sang au sens littéral du mot puisque NÉOU a éprouvé le besoin, après la danse macabre, de lécher la lame du poignard où se trouvait encore le sang de BARDEZ.

Mais alors, nous dit-on, puisque le mécontentement de l'impôt ne doit pas entrer en ligne de compte dans cette affaire, que dites-vous de la fameuse marche sur Kompong-Chhnang ?

LA PSEUDO MARCHE SUR KOMPONG-CHHNANG. Ah ! Messieurs, cette fameuse marche, n'était la gravité de ces débats, me rappelle certains dragons des opérettes d'Offenbach, qui chantent à tue tête : « Marchons ! marchons » et qui restent figés sur place. Vous avez appris avec quelle facilité, j'allais dire édifiante, deux coups de fusil ont suffi à éparpiller comme une bande de moineaux ces hommes qui se dirigeaient vers Kompong-Chhnang et je suis convaincu que si, à ce moment-là, quelqu'un avait pu leur poser la question : — « Mais où allez-vous ? », ils eussent été bien embarrassés pour répondre.

C'est ici qu'il faut encore faire de la psychologie. La population est surexcitée par la vue du sang; la brute ancestrale s'est réveillée. Cette population se trouve en présence de trois représentants de l'autorité française abattus ; il faut le voir et il faut le dire parce que c'est un fait éclatant, extraordinaire de voir un Résident de France abattu et souillé aux pieds de ces gens. Alors que fait NÉOU dans sa gloire inopinée? Quand il eut obtenu ce qu'il convoitait il se mit à la tête de ces quelques égarés et leur dit: « En avant! » Et si la bande des miliciens n'était pas arrivée jusqu'à eux je suis convaincu qu'ils se fussent arrêtés d'eux-mêmes. N'oubliez pas qu'il y a pas mal de dissidents dès la première heure et que les autres se sont éparpillés dans la forêt.

Voilà à quoi se réduit cette fameuse marche sur Kompong-Chhnang qui pourrait nous laisser croire, si nous n'étions pas au courant des faits, qu'à un moment donné la population européenne de Kompong-Chhnang a pu être en danger.

Je ne dis pas que, dans l'ignorance de ce qui se passait, elle n'eût pas le droit d'être inquiète. On ignorait tout à Kompong-Chhnang; on ne savait qu'une chose : c'est que le Résident avait été frappé, chose grave, blessé, peut-être mort ; que le milicien et l'interprète aussi avaient été frappés. Évidemment, j'avoue que si je m'étais trouvé sur les lieux, j'aurais pris mes précautions : si j'avais eu des armes, je les aurais préparées. Mais il ne faut pas se placer à ce point de vue pour apprécier l'incident de Kompong-Chhnang. Il faut voir les choses dans leur réalité et en se plaçant au-dessus des contingences de l'heure. Cette marche sur Kompong-Chhnang ne fut qu'un geste impulsif et vite réprimé de quelques-uns. Alors, l'on vous dira peut-être, — j'ai le devoir d'être complet et je m'excuse auprès de la Cour d'être plus long que je ne le pensais, — l'on vous dira peut-être qu'il y a eu faute du Résident. Nous allons examiner, si vous le vouiez bien si, à un moment donné, il y a eu faute quelconque du Résident.

BARDEZ A T-IL COMMIS DES FAUTES? D'abord, il ne faut pas perdre de vue que quand le Résident est arrivé sur les lieux, quoi qu'on ait dit, cette population était forclose à réclamer au sujet de l'impôt. Elle avait été renseignée, elle savait que ses doléances ne pouvaient être légalement acceptées, — fait beaucoup plus grave, que la récolte était excellente et qu'aucun fléau, qu'aucun désastre ne s'était produit, qu'aucune objection légitime ne pouvait être faite à l'application de l'impôt.

Que fait alors le Résident ? Lorsqu'il arrive sur les lieux, il promet d'examiner l'an prochain les revendications, il dit à quelques réclamants : — « Vous prétendez que vous payez trop d'impôts, vous savez que vous êtes forclos. Que n'avez-vous réclamé en temps voulu ?

L'année prochaine, si vos revendications sont légitimes, je m'engage à les faire valoir et à les soutenir devant l'autorité supérieure et vous pouvez être certains que je m'emploierai de toute mon influence pour vous faire obtenir satisfaction ».

MAUVAISE VOLONTÉ INI-TIALE DES CONTRIBUABLES. Que lui répond-on ? « Nous allons payer les impôts, mais à une condition, c'est que vous libériez les consignés ». Ici, il faut bien se mettre dans l'ambiance et il n'est pas un homme, j'allais dire un français, qui put admettre qu'un Résident de France, en de telles circonstances, put se permettre d'accepter des conditions posées de cette façon. Alors qu'il est dans la légalité la plus stricte, il ne peut qu'user de son droit, et dire : « Je n'ai pas de conditions à accepter, vous paierez l'impôt ».

Et témoignage que j'allais oublier et qui a pour moi son importance , on a dit que ces gens étaient si peu décidés à payer l'impôt qu'ils ont tenté, comme tous les contribuables, de ne pas payer. C'est ce que nous faisons tous les jours. Nous, quelquefois, nous nous réfugions dans le maquis de la procédure pour discuter le texte de droit financier et essayer de faire alléger notre charge. Mais ces gens n'ont pas cette ressource ; ils discutent, ils marchandent avec le Résident, ils se disent : « S'il est assez bête pour nous laisser payer moins, ce sera toujours cela de gagné ». Voilà la situation telle qu'elle est ; il ne faut pas essayer de la compliquer, de la dramatiser.

LE TÉMOIGNAGE DU BEP DE BARDEZ. Comme je vous le disais, il faut surtout retenir que les réclamants ont commis une faute première. Je n'en veux pour preuve que le témoignage du bêp du Résident qui, pour moi, est essentiel dans ce procès.

Si vous vous rappelez les déclarations de cet homme, il est venu dire qu'à un moment donné un groupement, dont faisait partie Néou et quelques autres individus du village, discutait du côté de l'arbre du crime : — « Nous allons encore faire une démarche. Si elle n'aboutit pas, nous paierons. Et « nous paierons » sous-entend que « nous pouvons payer ». Nous allons faire encore un démarche, — je vous le dis encore une fois, c'est ce geste du contribuable qui a toujours de la difficulté à mettre la main à la poche et à verser son argent dans les caisses du fisc. Si nous n'obtenons pas satisfaction, nous paierons ».

Et, qui vous dit — je reconnais que ce n'est qu'une hypothèse, mais enfin elle a sa valeur — qui vous dit que l'un des agents de Néou n'est pas venu l'avertir en disant : — « Attention, ils faiblissent, et il serait peut-être temps d'agir et de voir comment les choses vont tourner ».

Voilà en tous cas les faits et je vous dis que la faute initiale, la seule faute grave émane des réclamants qui n'avaient aucune raison légitime de ne pas payer l'impôt et nous allons l'établir.

POURQUOI LES HABITANTS DU VILLAGE ONT TOUS FUI DANS LA FORÊT APRÈS LE CRIME. On vous dira aussi, Messieurs, que la preuve que le village tout entier était hostile à l'encaissement de l'impôt et qu'il sentait bien qu'il avait participé moralement au crime, c'est qu'aussitôt après les faits qui sont reprochés aux accusés, ils se sont dispersés dans la forêt et il a fallu du temps pour les retrouver.

Ici, je fais appel encore à la connaissance de la mentalité cambodgienne : cette population est plus habituée à la justice sommaire qu'à la justice tout court qu'est la justice française. Elle sait que, en cas de révolte, autrefois, les débats ne se déroulaient pas pendant 12 jours devant une Cour criminelle et que le coupe-coupe agissait beaucoup plus vite et plus radicalement. Elle avait tellement raison que c'est un fait qui court les rues que Sa Majesté ayant appris le crime, avait décidé de faire disperser et raser tout le village, après exécution rapide et sommaire des coupables. Voilà quelle était la justice conçue par cette population. Je n'ai pas à la discuter, j'ai le plus profond respect pour Sa Majesté et j'estime qu'elle connait beaucoup mieux que moi la mentalité de ses sujets et je ne sais pas si, dans une certaine mesure, ce n'était pas la justice qu'il convenait d'appliquer en l'espèce ?

En tous cas, il y a un fait acquis, c'est que cette population, devant l'horreur du crime, sachant quelle était la responsabilité morale considérable qu'elle avait encourue en laissant agir quelques bandits, a commencé par se cacher. Voilà les raisons de cette fuite éperdue.

Des témoins, peu nombreux fort heureusement pour nous et notre réputation, sont venus dire que le regretté Résident Bardez était détesté dans la région. Je dois à la vérité de déclarer que d'autres témoins, dignes de foi, sont venus vous dire le contraire, ces contradictions étaient inévitables　on ne peut contenter tout le monde et son père.

LE DILEMME OPPOSÉ A LA DÉFENSE : BARDEZ OU L'AUTORITÉ SUPÉRIEURE. Parmi les témoignages produits à la requête de la défense, il faut qu'elle choisisse. Si, comme elle l'a essayé au cours de ces débats et même avant ces débats, il s'agit de mettre en cause l'autorité supérieure, il ne faut pas qu'elle déclare que le Résident Bardez était détesté parce que ce fait suffirait à établir les responsabilités et à justifier le crime : son argumentation s'écroulerait. Si, au contraire, comme j'aime à le croire pour elle, elle abandonne le système qui consiste à dire que Bardez était détesté, elle devra se rabattre alors sur la faute initiale imaginaire, hypothétique et invraisemblable de l'autorité supérieure. Il me suffira de lui répondre par la note capitale rédigée de la main même de Bardez et qui vous montre, d'une façon éclatante, que seul et sous sa propre responsabilité, il a pris l'initiative de la tournée qu'il a faite et qui s'est terminée dans les conditions que vous savez.

L'IMPOT DU PADDY. Nous arrivons alors à ce que certains ont pu considérer comme des à-côtés et qui, pour moi, est la base même du procès. Car, en admettant même, et par pure hypothèse, je veux le concéder pour le bénéfice de la discussion qui va suivre et uniquement dans ce but — que cette population était mécontente de l'impôt des paddys, nous allons tâcher de voir, et vous avez comme devoir de vous en rendre compte. quelle est cette réglementation de l'impôt des paddys, ce qu'elle a été, ce qu'elle est et si réellement il est possible qu'un justiciable, légitimement, vienne s'en plaindre.

Vous savez, Messieurs, que d'abord, l'ordonnance du 1 Décembre 1903 avait confié aux achnhahuongs et mékangs la perception de l'impôt. Voici comment procédaient ces collecteurs. Ils peuvent être assimilés à nos fermiers généraux. Ils arrivaient sur place au moment de la récolte, ils demandaient au contribuable : — « Combien de thangs as-tu récoltés ? » Le contribuable faisait sa déclaration : ils prélevaient une somme de tant de cents par thang qu'ils versaient au Trésor royal.

LE RÈGNE DU FERMIER GÉNÉRAL. Je n'ai pas besoin de vous dire ce que cette réglementation avait de défectueux. Vous comprenez sans peine que, de son côté, l'achnhahuong qui était un homme ayant intérêt à faire un peu comme le fermier général, c'est-à-dire à percevoir l'impôt d'abord pour lui, ensuite pour le Trésor royal ne se privait pas de détourner une partie de l'impôt et que le contribuable avait intérêt à dissimuler aux yeux de l'achnhahuong le plus possible de sa récolte, ce qui fait qu'en dernière analyse c'était toujours le Trésor royal qui était frustré.

FIXATION DE LA BASE DE L'IMPOT. Intervient alors l'ordonnance du 20 Septembre 1917 qui fixe d'abord l'impôt par thang à 5 cents pour les deux premiers thangs et à quatre cents pour tous les autres. Le 5 Août 1920. M. MASPÉRO, alors Résident

Supérieur p. i. au Cambodge déclare porter uniformément à 5 cents par thang la somme qui doit être perçue. L'ordonnance royale du 1er Janvier 1922 serre d'un peu plus près la question et fixe à 40 décimètres cubes, c'est-à-dire à 40 litres, la contenance du thang et dessaisit les achuhaluongs au profit des mékhums.

L'ÉVASION FISCALE. L'assiette de l'impôt reste toujours la même et vous sentez bien que c'est toujours l'impôt sur le revenu. On a observé de 1922 à 1924 que, malgré toutes les mesures prises, l'évasion était tellement considérable qu'il y avait lieu d'y remédier. On a commencé d'abord par constater l'accroissement de la population, ce qui, permettez-moi de vous le dire, donne la preuve que l'administration du Protectorat de la France n'est pas si défectueuse que cela. Ensuite, l'on constata que les surfaces cultivées augmentaient tandis que, paradoxalement et contrairement à ce qu'on pouvait attendre, l'impôt diminuait. Il est certain que cette époque était l'âge d'or du contribuable, je n'en disconviens pas, et lorsqu'il s'est agi de serrer de plus près la matière imposable et de se dire « nous voulons tout de même savoir quelle est la cause de ce paradoxe », apparemment le contribuable n'a pas été satisfait. Vous concevez sans peine que delà à dire qu'il avait légitimement le droit de se rebeller, il y a un abîme qu'il ne faudra pas franchir.

LA RÈGLEMENTATION ACTUELLE. Intervint alors l'ordonnance royale du 24 Septembre 1924 ; l'assiette de l'impôt reste invariable. Cette ordonnance a pour but, surtout, de contrôler les surfaces cultivées. Elle dessaisit les mékhums, agents élus, au profit des chaufaikhands, fonctionnaires de l'ordre administratif, d'une culture générale plus élevée, sachant mieux discuter les modalités de l'impôt.

50°/₀ D'ÉVASION FISCALE. Voilà par conséquent la seule réglementation, la seule modification apportée par l'ordonnance royale de 1924 à la réglementation des paddys : le contrôle

effectif. Vous avez vu, par les témoignages produits à cette
barre, que ce contrôle, tout en étant effectif, ne l'était pas suffi-
samment puisque M. BORNET est venu préciser que dans le village
de Krang-Léou, après le crime, — notez cela, Messieurs, après
le crime, — les dissimulations dépassaient la moitié de la matière
imposable. Ce sont ces contribuables qui sont en train de frauder
le fisc dans la proportion de plus de 50 °/₀, qui ne paient pas
50 °/₀ de l'impôt des paddys, que l'on viendra vous représenter
tout à l'heure comme des gens écrasés par l'impôt et qui, n'en
pouvant mais, sont sortis de leur caractère.

TENTATIVE D'ÉQUIVOQUE. Pour être complet je dois
parler rapidement d'une discussion de casuistique sur une erreur
manifeste et matérielle qui s'est glissée dans l'ordonnance de 21.
Si la Cour a la curiosité de se reporter à l'ordonnance royale de
1921 qui nous occupe, elle verra que dans l'exposé des motifs

> « Vu l'ordonnance royale du 11 juillet 1897,
> « Vu l'ordonnance royale du 3 Juillet 1905,
> « Vu l'ordonnance royale du 17 Octobre 1921,
> « Vu . . .
> « Vu les conclusions. . . . . etc. . . . »

à aucun moment, le décret du 30 décembre 1912 n'est visé. Et
l'on a parlé, Messieurs, de conflit de textes ; ce sont de bien grands
mots : il n'y a qu'à lire l'article 173 du décret de 1912 sur le
règlement financier de l'Indochine pour se rendre compte qu'il
serait souverainement ridicule de la part d'une autorité qui
connaît la mentalité des gens, d'admettre que le Trésorier qui n'a
pas de rôle nominatif pour l'impôt des paddys, qui n'a que le rôle
numérique, que ce Trésorier, qui ne connaît pas nominativement
le contribuable, puisse adresser des sommations par des porteurs
de contraintes.

Vous avouerez qu'il serait impardonnable à une autorité qui est sur place, qui sait ce qu'est la brousse,

d'admettre qu'un porteur de contraintes fasse des sommations
sur papier vert, rouge, jaune ou bleu à un contribuable qui ne
sait même pas distinguer *alpha* de *beta*. Convenez que ce serait
ridicule et que le seul texte qui peut jouer en l'espèce, c'est
l'article 212 du Code Pénal cambodgien. M. CHASSANG vous a
expliqué, d'ailleurs dans quelles conditions l'erreur s'est produite.

Voilà, par conséquent, Messieurs, le procès. Restent certains
à-côtés.

**LES TÉMOIGNAGES MAS-
SUÉS DE LA DÉFENSE.** On a produit à l'audience d'hier
après-midi deux témoignages dont
on avait fait état longtemps à l'avance et qui, dans l'esprit de
la défense, étaient de nature à porter un coup tellement droit
à l'accusation qu'on se demandait si elle resterait jusqu'au bout
au siège du Ministère Public, et si cette modeste partie civile qui
a l'honneur de plaider devant vous n'aurait pas été éclipsée et
n'aurait pas disparu en un clin d'œil.

Les témoins eux-mêmes ont fait justice de ces allégations.
Vous avez entendu la déposition, — j'allais dire la confession —
sussurée par M. MACREL. Je l'ai saisie parce que j'ai l'ouïe fine.

**OU IL EST QUESTION
D'UNE LETTRE QUE
NUL NE VERRA JAMAIS.** Vous avez entendu que l'on a fait
état d'une prétendue lettre du mal-
heureux BARDEZ. Tous ici nous
aurions dû en connaître l'original; on n'a pas daigné nous dire
pourquoi il n'était pas produit aux débats, l'on a mieux aimé
vous en laisser deviner les raisons. Vous avez apprécié, jugé et
nous savons tous ce que vous en pensez.

J'ai eu sous les yeux la sténographie de la déposition du
témoin MACREL. J'ai tenté vainement, je l'avoue, de dégager
quelque chose de cette déclaration, qui vint appuyer la défense,
je dirai même qui vint intéresser d'une façon quelconque la

Cour. J'avoue franchement que ç'a été en pure perte. De vagues
allégations embrouillées de réticences, des réponses évasives,
enfin l'horreur des précisions.

UNE CONCEPTION CU- Je n'ai pas à faire état de l'attitude
RIEUSE DE L'AMITIÉ. qu'a cru devoir prendre M. MAUREL,
après avoir dit qu'il était depuis 18 ans l'ami de BARDEZ, en se
laissant citer par la défense pour tenter de produire des armes
en faveur des assassins. Vous apprécierez.

LE TÉMOIN BARBEROT ET Je passe, par conséquent,
SES ENQUÊTES LAPIDAIRES. à la déclaration vraiment trop
lumineuse de M. BARBEROT qui, dans sa noble candeur, est venu
nous asséner des impératifs catégoriques. Sur le moment, j'ai
perdu toute assurance je l'avoue. Mais, lorsque j'ai confronté
mes impressions avec la sténographie, j'ai dû me rendre compte
que M. BARBEROT était venu surtout nous expliquer avec une
naïveté à laquelle il faut rendre hommage, de quelle façon — et
il est utile que tout le monde le sache — la Ligue des Droits de
l'Homme était renseignée, j'allais dire à la vapeur, sur des faits
d'une gravité exceptionnelle. M. BARBEROT nous a déclaré, en
effet, qu'entre deux voyages en automobile, alors qu'il assistait
aux obsèques de M. BARDEZ, il se livra à une enquête sur le crime
de Krang-Léou. Il a été contrôler ses propres affirmations sur
les lieux et il a ajouté, cela ne vous a pas échappé, que dès
qu'il apprit le crime de Krang-Léou, alors que toutes les populations européenne et cambodgienne commentaient anxieusement
les nouvelles, son impression première avait été que le crime était
imputable à la bande de TINH dont, en policier très averti, il
avait déjà pensé que la Ligue des Droits de l'Homme aurait à
s'occuper un jour. D'où les explications qu'il a données : — « Je me
suis rendu aux obsèques de M. BARDEZ et j'ai voulu savoir d'abord
quelle était l'impression produite sur la population européenne.
Je me suis heurté au mutisme le plus absolu ».

Que M. BARBEROT me permettre de lui dire qu'il a mal interprété ce mutisme qui, en la circonstance, était simplement une preuve de tact. Alors qu'on accompagnait la dépouille du Résident, il n'était peut-être pas de bon ton de discuter sur les causes du crime. Mais il fallait agiter le spectre de l'autorité supérieure qui, décidément, préoccupe la défense et M. BARBEROT continue : — « M. TICHIER m'a dit les choses les plus évasives. J'ai voulu me renseigner et j'ai eu la bonne fortune inespérée de tomber sur un vieux camarade, un camarade âgé de 25 à 26 ans, le Docteur GUAYNO qui était médecin depuis 18 jours dans la province et qui, par conséquent, s'intéressait directement à la question des impôts. Ce dernier m'a confié :   « Ne vous étonnez pas si vous n'avez pas de renseignements, le Résident Supérieur ne veut pas que l'on sache qu'il s'agit d'un soulèvement occasionné par l'impôt ». Alors, M. BARBEROT de rentrer satisfait et de rédiger un rapport très circonstancié à la Ligue des Droits de l'Homme. Voilà dans quelles circonstances cette Ligue, qui a pourtant toute ma sympathie, est renseignée sur certaines choses. Si ces longs débats n'avaient servi qu'à nous apprendre cela, j'ose dire qu'ils n'eussent pas été inutiles.

LES TÉMOINS LENESTOUR ET PASCAL CONTREDISENT LE Dr GUAYNO.

LES TÉMOINS LENESTOUR ET PASCAL CONTREDISENT LE Dr GUAYNO. Vous avez déjà rapproché, Messieurs, les déclarations du docteur GUAYNO des déclarations plus circonspectes de M. LENESTOUR. M. LENESTOUR, lui, reçoit l'argent de l'impôt. Il était là depuis 20 jours à l'époque du crime, deux jours de plus que le docteur GUAYNO. Il s'est contenté de dire à cette barre : — « J'étais depuis trop peu de temps dans la province, pour savoir qu'il y avait du mécontentement au sujet de l'impôt ». Cela s'appelle témoigner sans haine et sans crainte.

Vous avez, en outre, la déclaration de M. PASCAL, vétérinaire, qui précise : — « Moi, j'ai fait des tournées avec M. BARDEZ. Je puis vous affirmer qu'il n'y eut aucun soulèvement et que, de plus, la population n'était pas mécontente ». Et alors, qu'avez-vous à nous opposer sur ce point ? Si j'ai bien entendu la

lecture de la Commission rogatoire, les déclarations personnelles
du docteur GUAYXO vont s'opposer aux déclarations gratuites de
M. BARBEROT. Retenez bien ceci :   « Alors, M. CHASSAING est
venu me dire que d'ordre du Résident Supérieur, il ne fallait
pas qu'on parlât ». De quoi ? des blessures de BARDEZ. Est-ce
qu'il s'agit de mécontentement de la population au sujet de
l'impôt ?

C'était encore une question de tact. La veuve était à deux
pas ; il s'agissait en outre de ne pas affoler la population européenne déjà énervée. Et, comme l'a fait remarquer M. le Président,
vous concevez sans peine que, lorsqu'il fut prescrit de ne pas
parler des blessures de BARDEZ, il n'était nullement dans
l'esprit de l'autorité supérieure d'essayer de cacher quelle était
la cause de la mort de BARDEZ. Tout le monde savait de quoi il
était mort. Il s'agissait de ne pas se livrer à une espèce de
dramatisation des faits qui était au moins inopportune. Voilà
tout.

LE SERMON DU BONZE. Il y a une pièce dont lecture n'a
pas été donnée à la Cour, et qui, au point de vue psychologi-
que, est d'une autorité telle que je crois de mon devoir d'en
souligner les principaux passages. Vous savez quel est le caractère des bonzes? Vous savez quelle influence considérable
exerce le bonze sur la population cambodgienne? À la suite du
crime, en manière de pénalité, il a été délégué, d'ordre de Sa
Majesté, un bonze, le Chef de l'École de Pâli qui s'est rendu sur
les lieux et a fait un sermon à la population. Il a fait un sermon
à la suite duquel je dois vous le dire, — c'est le Résident qui en
a rendu compte au Résident Supérieur.   toute la population,
hommes, femmes, enfants, vieillards, s'est mise à sangloter et
cela ne vous surprendra pas quand je vous donnerai, pour
l'utilité de ces débats, lecture de certains passages de ce sermon
qui est réellement éloquent.

Les voici :

« Habitants, vous vous êtes conduits comme des animaux sau-
« vages lors du passage du Résident en laissant lâchement
« assassiner devant vous, par une bande de forcenés, ce fonction-
« naire ainsi que le secrétaire et le milicien qui l'accompagnaient
« et par la profanation de la pagode du village, par ces mêmes
« malfaiteurs, sans aucune intervention de votre part. Le fait
« est sans précédent dans l'histoire du Cambodge.

« Écoutez que je vous dise la vérité.

« Au cours d'un sermon, Bouddha a dit : L'ingrat, c'est-à-dire
« celui qui ne reconnaît pas les bienfaits rendus, qui cherche à se
« soulever contre l'autorité et contre Sa Majesté, Maître des terres
« et des existences, ou qui tue son semblable pour se révolter, est
« coupable au même titre que s'il tue son père et sa mère. Dans
« la vie présente il est passible d'une peine criminelle sévère, et
« dans les vies futures il ira certainement aux quatre enfers pour
« y souffrir durant 500 vies consécutives.

« Bouddha ajoute que les personnes qui ont vu les autres com-
« mettre des actes de cette nature et n'ont pas protégé les victimes,
« laissant ainsi les malfaiteurs agir selon leur bon gré sont cou-
« pables au même titre que les premiers. Quant aux pagodes et
« temples qui sont de tout temps un objet de vénération pour tous
« ceux qui pratiquent le bouddhisme, leur profanation ne peut
« s'accomplir que parmi des êtres abominables qui ont perdu toute
« raison. Les lieux ainsi souillés ne devraient plus être qu'une
« désolation hantée par les coupables de ces forfaits tranformés
« en mauvais génies pendant plus de 1.000 vies consécutives. »

Cela vous explique, Messieurs, le repentir d'une population qui
se rend compte de l'acte abominable qu'elle avait laissé commettre.

LES BIENFAITS DE L'ADMI-   « Laissez, moi enfin, habi-
NISTRATION FRANÇAISE.   « tants, rappeler à tous que
AVANT LE PROTECTORAT.   « nous devons être infini-
« ment reconnaissants envers notre Vénéré Monarque et le

« Protectorat français qui ont travaillé pour notre bien-être.
« Autrefois, notre pays avait de graves difficultés avec ses voisins.
« Demandez-le à quelques vieillards qui ont pu vivre jusqu'à nos
« jours et ils vous le diront. Il n'était même pas possible de
« construire une maison, parce qu'il y avait tantôt des armées
« siamoises, tantôt celles des annamites et tantôt celles de
« nos compatriotes. On restait séparé de sa femme, de son père,
« de sa mère, de ses enfants, de ses parents. La paix n'avait jamais
« pu durer longtemps. Chaque fois qu'il y avait famine, les
« gens mouraient en grand nombre dans les forêts.

« Les maladies épidémiques faisaient des ravages aussi bien
« sur les personnes que sur les animaux. D'autre par on était
« mal nourri, mal vêtu et on pouvait difficilement voyager parce
« qu'on manquait de moyens de transport et que les routes
« étaient inexistantes ou mauvaises. Les objets destinés à notre
« usage étaient très inférieurs en qualité. On pouvait difficilement
« s'instruire parce qu'on trouvait à peine dans chaque province
« des gens sachant écrire.

« La plupart des habitants étaient pauvres et pour une dette de
« une barre d'argent, ne pouvant payer, ils s'engageaient, eux,
« leurs enfants et leurs petits-enfants au service du créancier.

DEPUIS LE PROTECTORAT. « Maintenant l'administration
« nous donne cent fois plus de sécurité et de bien-être qu'autrefois.
« Plus d'abandon du pays, possibilités de construire de belles
« maisons ; nous avons de beaux vêtements, une nourriture
« abondante, des objets raffinés pour notre usage. Les routes sont
« bonnes, les moyens de transport par terre et eau sont sûrs et
« rapides.

« Beaucoup de nos enfants et petits-enfants sont instruits. Nos
« coutumes et nos traditions ont été respectées. Le génie de nos
« ancêtres nous est révélé chaque jour davantage grâce aux soins
« de l'administration. Plus de dettes qui faisaient de vous des
« domestiques du créancier, plus de réquisitions d'habitants pour

« un travail gratuit. Nos biens et nos personnes sont défendus
« contre l'arbitraire. Nous sommes en définitive beaucoup mieux
« qu'autrefois. Tous, vous êtes des ignorants si vous ne le recon-
« naissez pas. Même pour les impôts, vous n'avez pas à vous
« plaindre. Les anciens se rappellent encore des contributions de
« guerre où tout était enlevé : objets précieux, bijoux, récoltes,
« bétail, etc . . . Autrefois, l'impôt des paddys était de 1 thang pour
« 10 thangs de paddy et maintenant il est de 1 thang pour 20. Et
« vous ne trouviez pas alors l'impôt trop lourd. Aujourd'hui l'ad-
« ministration vous rend l'impôt sous forme de salaire de travaux,
« de soins gratuits ; 100 thangs de paddy qui se vendaient jadis
« 30 $, se vendent 100 $ de nos jours. Avez-vous tous bien compris?
« Voyez-vous maintenant combien odieux, infamant a été le
« crime commis par des brutes ivres d'alcool et combien lâche
« a été votre passivité devant un pareil forfait.

« Votre attitude devant les hommes est diminuée par cette
« infamie. Votre attitude devant le Bouddha consolateur sera
« l'effondrement de vous même parce que tous les mérites
« auront été anéantis ».

L'IMPOT DES PADDYS ET LES DÉPENSES D'UTILITÉ PUBLIQUE DANS LE RESSORT DE KOMPONG-CHHNANG.

Je m'en voudrais réellement d'ajouter tout commentaire à ces éloquentes paroles tombées d'une bouche aussi autorisée. Hélas ! des voix françaises tenteront de vous dire tout à l'heure le contraire. Mais, et pour terminer, laissez-moi établir une comparaison très rapide, entre ce que paie, au point de vue de l'impôt des paddys, cette population surimposée comme on vous le dira tout à l'heure et les bienfaits qu'elle a recueillis. Le khand de Roléa Péar, nous le savons, contient 38.449 habitants. Ce khand, tout calcul fait, paie en moyenne 55 cents par tête d'habitant pour l'impôt des paddys. La circonscription de Kompong-Chhnang, dans laquelle se trouve le khand de Roléa Péar et le khum de Krang-Léou possédait 120.000 habitants en 1916. Vous avez au dossier une pièce qui est d'une éloquence irrésistible.

Vous verrez, d'après cette pièce, pour la période de 1918 à 1925, les soldes des fonctionnaires français et indigènes mis à part, quelle est l'importance des dépenses faites dans un intérêt purement cambodgien dans la région de Kompong-Chhnang. Des routes, des ponts, des bâtiments, l'assistance médicale et l'enseignement, et surtout l'hygiène et l'assainissement ont coûté 707.608 $.

55 CENTS D'IMPOT DES PADDYS PAR TÊT, 66 CENTS DE DÉPENSES D'UTILITÉ PUBLIQUE. J'ai eu la curiosité de savoir par le calcul ce que cela a fait en moyenne par an pour l'arrondissement de Kompong-Chhnang. Je suis arrivé au chiffre de 78.576 $, ce qui, sur 120.000 habitants, porte la dépense par an et par tête, au point de vue de l'utilité publique, à 66 cents alors que, par l'impôt des paddys, on prélève sur cette même population 55 cents seulement. La Cour dira si, dans cette mesure, l'on peut dire que la population cambodgienne est accablée d'impôts.

LES RESPONSABILITÉS RESPECTIVES DES ACCUSÉS. Il me reste, Messieurs, à souligner rapidement la responsabilité de chacun des accusés, au point de vue des violences qui m'intéressent. J'irai très rapidement et je me bornerai à indiquer à la Cour les notes que j'ai relevées.

On Chhon dit Thoun, après avoir de concert avec Ngor, Sam Binh, Im, Chhum, Um Pem et San Sinh prémédité le crime, distribua des pieux aux habitants, saisit le milicien à bras le corps pour permettre de le désarmer, frappa Lach d'un bâton à la nuque ainsi que Souen et les frappa ensuite à coups de crosse de mousqueton.

Dy-Mon est monté dans la sala où avec une hachette il frappa le milicien Lach; il frappa ensuite Souen au visage à coups de hache, et Lach, à l'aide de la même arme, à la bouche.

Um-Pem a d'abord nié, puis a reconnu s'être emparé de la baïonnette du milicien. Il frappa Sourn et Laca à coups de bâton tandis qu'ils fuyaient.

Sam-Bim porta d'abord un coup de poing dans le dos du milicien que l'on désarmait, le maintint par la gorge tandis qu'on le tuait.

Poursuivant l'interprète Sourn il lui porta des coups de bâton à la tête au moment où le malheureux s'apprêtait à se réfugier dans la cellule du bonze Ty. Il traîna alors sa victime face contre terre, du terrain de la pagode au terrain de la sala où il frappa Sourn.

Minh-Kumar tout comme Um-Pem a commencé par nier et par invoquer des alibis non contrôlés. Il avoua alors avoir frappé Laca à la tête et au corps avec une barre; avec ce même instrument il reconnaît avoir, dans la bonzerie, frappé l'interprète Sourn.

Brin dit Pang reconnaît avoir désarmé le milicien et s'être emparé de son mousqueton. Une fois Laca terrassé, il lui porta un coup d'aiguillon à la nuque. Il reconnut avoir asséné à Sourn un coup d'aiguillon à la tête et l'avoir traîné, en même temps que Minh Khal, Sim-Pal et Um-Pem hors de la pagode.

Ke-Tou a porté au milicien un coup de bambou à la nuque et au secrétaire des coups de bambou et de boulon sur la tête jusqu'à ce qu'il tombât, et ce, malgré les protestations du bonze Ty.

Kong Im a aidé à désarmer le milicien, l'a frappé de coups de poings à la face et de crosse de mousqueton à la poitrine. Il a poursuivi enfin Sourn dans la pagode et l'a frappé à la tête plusieurs fois.

Hang-is a toujours nié, et je tiens à souligner à ce propos qu'il n'a pas compris le juge d'instruction parmi ceux qui suggéraient les aveux aux dires des autres accusés, cela seul suffit à vous démontrer l'inanité de ce système de défense.

Nuem-Bru affirme en tout cas l'avoir vu poursuivre le milicien
et lui porter derrière la tête trois coups avec un rayon de roue de
charrette.

Chéa Bu dit Trr Bou est monté dans la sala, armé d'un pieu
de barrière, et a frappé le milicien et le secrétaire à l'aide d'une
hampe de drapeau.

Sim Pal a logé Kim-Néou-Chuon dit Thou. Il reconnaît avoir
frappé, dans le dos, le milicien et avoir traîné Souk par les
pieds de la pagode au terrain de la sala.

Kong-Miech a frappé d'un aiguillon le secrétaire par trois
fois avant que celui-ci tombât d'un coup de bâton au front.

Sam-Sin a frappé le milicien à la tête.

Da But enfin a frappé le milicien qui fuyait à coups de bâton
dans le dos.

Voici, Messieurs, les faits et vous sentez bien qu'il serait
téméraire de plaider devant vous l'innocence de ces gens. Je crois
la défense trop avertie pour commettre pareille faute.

Sans doute, malgré l'horreur du crime et l'acharnement des
assassins tentera-t-on d'arracher à votre pitié, non pas le geste
qui pardonne, ce serait réclamer de vous la pire des félonies,
mais le verdict qui atténue. Alors, Messieurs, prenez garde !

Je sais, et c'est la plus belle vertu des hommes que la pitié
règne en souveraine sur nos cœurs sensibles. Je sais que l'éloquence persuade les cœurs les plus virils. Je n'ignore pas que le
temps est le pire des magiciens et qu'il excelle à nous voiler les
lointaines horreurs. Je sais que les victimes dorment leur dernier
sommeil depuis huit longs mois. Je n'ignore pas que depuis ces
longs mois une veuve et un vieillard attendent, avec anxiété, le
jour tant désiré de la justice implacable.

Si malgré tout l'on faisait appel à votre pitié, demandez-vous sans tarder en faveur de qui. Alors je demeure confiant dans votre verdict.

De la pitié, Messieurs, en faveur de ceux qui n'ont pas hésité à frapper par derrière, sans provocation? De la pitié en faveur de ceux qui frappèrent trois hommes pour voler? De la pitié pour ceux qui frappèrent avec la férocité que vous savez? De la pitié en faveur de ceux qui s'acharnèrent sur le cadavre d'un homme qui représentait la France et dansèrent macabrement autour d'une pauvre dépouille sanglante? De la pitié en faveur de ces gens dont le chef, dans sa joie féroce, lécha l'arme sanglante mouillée du sang de sa victime? De la pitié pour ceux qui violant le droit d'asile arrachèrent, des mains sacrées du bonze, leur victime implorant la protection des lieux saints? cela jamais! de la justice et rien d'autre.

Au nom d'une civilisation qui vous dépasse, au nom de la France même que vous avez tenté vainement d'insulter, malgré votre bestialité, l'on vous rendra justice. Aller plus avant serait tomber plus bas que vous même.

Voila, Messieurs, quelle sera votre réponse. Vous pensez, sans doute, qu'il est téméraire et presque présomptueux de faire parler des juges; mais il est des situations si graves, si nettes et si claires qu'il n'est pas possible qu'un juge hésite.

Messieurs j'en ai fini. Je vous confie sans crainte et sans doute les intérêts d'une veuve et d'un vieillard. Je vous disais au début de mes observations qu'il convenait d'avoir, durant ces débats, les yeux fixés sur la France.

Souffrez, avant que s'élève la grande voix de la société réclamant justice au nom sacré du droit et de tous, que la voix des faibles que je défends vous convie à peser vos responsabilités. Que vous le vouliez ou non, le Cambodge, que dis-je, l'Orient tout entier, attend avec curiosité votre verdict. Des éléments malsains escomptent votre faiblesse pour accentuer une propagande

redoutable et criminelle. Tout un peuple laborieux, tout un
village atterré par la brusquerie et la férocité du crime attendent avec impatience le verdict implacable.

Ces gens-là même qui sont là, sournois et lâches, ne compren-
draient pas qu'on pût leur témoigner de la pitié. Ils traduiraient,
comme tous ceux qui n'ont pas connu le grand souffle humani-
taire du christianisme, pitié par faiblesse et je livre à vos médi-
tations les conséquences d'une telle interprétation Songez à
cette veuve dolente et à ce vieillard brisé par la douleur qui dans
leur humble milieu maudiraient, la rage au cœur, ceux qui se
seraient montrés pitoyables au regard de gens qui tuèrent
lâchement et sans pitié. La France enfin, la flamme de l'idéal au
poing gravit les marches arides du labyrinthe au sommet duquel
se dressent la sagesse et la paix. Les puissances des ténèbres
l'assaillent, tentent d'éteindre la flamme de l'idéal et de la terras-
ser. Sanglante, mais invaincue, elle va.

Que votre verdict ne soit point sous ses pas un nouvel écueil.

(Applaudissements).

(9 HEURES 1 2).